Las casas que elevar nuestras muchachas

#FemaleNOTFeemale

Las casas que elevar nuestras muchachas

#FemaleNOTFeemale

Sherri Jefferson

Para cada hembra. . . pasado, presente y futuro.

Desde su casa a la casa de la iglesia.

De la escuela a la corte.

En la cárcel para ser almacenadas.

Cada una de estas casas ("sistemas") son responsables de

los éxitos _o_ fracasos de nuestras chicas.

#FemaleNotFEEmale

ACERCA DE
YO SOY #FemaleNotFEEmale

#FemaleNotFEEmale Cree que todas las mujeres y los niños nacieron #FREEmale. #FemaleNotFEEmale Es una iniciativa que utiliza cuatro campañas estratégicas / orientadas a la acción para promover la justicia y la oportunidad para que las víctimas de la esclavitud sexual infantil y la trata de personas en los Estados Unidos. Estamos abogando para desmantelar la prostitución a la Cárcel.

1. Estamos abogando contra la persecución de los niños como prostitutas y para proporcionar tratamiento y servicios de salud mental, abuso de sustancias, y la asistencia sanitaria.

2. Estamos abogando contra la encarcelación en la cárcel y no restrictivas para casas de seguridad que ofrecen educación, salud y servicios preventivos.

3. Estamos abogando por un acto justo de antecedentes penales de informes, que al igual que los historiales de crédito, se eliminarán los antecedentes penales, como resultado de la prostitución o delitos conexos. Eliminación de antecedentes penales y la restricción eliminan los registros, se limita a los sella.

4. Estamos abogando para evitar consecuencias colaterales asociados con antecedentes penales, que afecta a la H.E.M.S: vivienda, salud, educación, empleo, mantenimiento y asistencia de las víctimas de la explotación sexual infantil y el tráfico sexual de menor importancia nacional.

www.FemaleNOTFeemale.com

PREFACIO

Creo que cada hembra nació en este mundo como un hombre _libre,_ no un macho _tarifa._ Su vida es preciosa, con los materiales de opinión, y ella se valora. En un mundo que está lleno de incertidumbre y obstáculos insostenibles, hay que invertir tiempo y recursos en la vida de todas las niñas. Hoy en día, nuestras chicas son nuestras hermanas e hijas, pero mañana algunos pueden elegir ser madres y / o profesionales en el lugar de trabajo y que necesitan orientación, sabiduría y protección. En mis años como un defensor para el cambio social, he sido testigo de primera mano y tienen conocimiento personal acerca de las situaciones difíciles que enfrentan las niñas. Los desafíos que a veces puede ser desalentador.

Si vemos la vida y los resultados de las niñas entre las edades de 4-18 a través de casi cualquier lente crítico, vemos claramente que nuestra crianza, cuidado pastoral, servicios educativos, de rehabilitación y los sistemas de salud están rotas. La representación de género y desproporcionada desigualdad va más allá de romper el techo de cristal.

Una lectura fácil, las casas que elevar nuestras niñas es un examen inteligente y práctico de los 6PS _(Padres, pastores, directores de policía, fiscales y prisión)_ que albergan las niñas en América. Yo combino con destreza la sabiduría de mis experiencias profesionales que trabajan con niñas que son víctimas de las tuberías de la prisión de la escuela, la pobreza, las enfermedades mentales, la explotación sexual y el abuso y la prostitución.

El libro combina la visión a la reflexión sobre el papel de los 6PS en la crianza de las niñas, y las descripciones francas de las tendencias de la cultura pop y las normas sociales que definen nuestras chicas. Una conversación directa, el lector podrá terminar esta breve lectura en el fuego y listo, dispuesto y capaz de aceptar la devolución de lo que está siendo robado de nosotros - la inocencia de nuestras chicas!

Más allá del libro es un suplemento que incluye una guía de estudio y recursos.

Escribí este libro en español e Inglés para llegar a un público más amplio para que pueda ayudar a cambiar las vidas de todas las niñas y para salvar las diferencias entre los grupos y las barreras del idioma que nos dividen.

"Por todos estos son nuestros hijos.

Todos vamos a sacar provecho de, o pagará por lo que se vuelven ".

-James Baldwin

#FemaleNotFEEmale

INTRODUCCIÓN

#FemaleNOTFeemale Entiende el daño y el dolor de las comunidades y sus simpatizantes que son víctimas de las tuberías que suministran nuestras chicas de la escuela a la cárcel. Las tuberías de la pobreza, la prostitución juvenil (también conocido como el abuso sexual y la explotación sexual infantil doméstico), y las niñas de la plaga de la salud mental de color y los pobres. Durante la última década, estas tuberías han creado un aumento en el número de niñas desplazadas de sus hogares, escuelas y comunidades. Muchas de ellas se encuentran ahora en los centros de detención de menores / prisiones, han abandonado la escuela como resultado de ser empujado hacia fuera o son padres solteros en el bienestar público. Igualmente, algunos han sido capaces de superar las barreras de las tuberías y están inscritos en las escuelas universitarias o de formación profesional y de trabajo remunerados.

Con eso se dice, #FemaleNOTFeemale promueve la rendición de cuentas y responsabilidad en relación con los problemas que aquejan a nuestras niñas y sus comunidades. No podemos vivir en excusas, negación y justificación. Sabemos que el racismo, el sexismo y clasismo es real. #FemaleNOTFeemale Cree en la premisa de hacer elecciones en la vida y los juicios que se convierten en los factores determinantes reales del destino de nuestros hijos. Queremos enseñar a las niñas que a veces es más importante centrarse en cómo tratas a ti mismo y no cómo otros te tratan. A veces, sin saberlo, nos damos permiso personas y una licencia para maltratar. Es importante que enseñamos a nuestros niñas de no abrir la puerta a algunas formas de abuso.

Por ejemplo, debemos enseñar a nuestros niñas cómo valorar su cuerpo y estar en control de su propia mente; debemos enseñar a nuestros niñas acerca de las relaciones saludables y la importancia de la autoestima. Por otra parte, si nuestras chicas alcanzan su nivel académico, no intervengan en la criminalidad, y son ciudadanos productivos, que hace que sea difícil para cualquiera a participar en el maltrato. Si y cuando ocurre, los remedios son y deben ser rápidas y penal. Por lo tanto, si las hacemos víctimas de sus circunstancias van a ser menos propensos a superar los desafíos de la vida.

El racismo y el clasismo son realidades para nuestras chicas. Sin embargo, tenemos que estar igualmente preocupados acerca de cómo nuestras niñas terminan en el bienestar del niño y sistema de justicia juvenil en <u>nuestras</u> manos. Si podemos reducir o evitar que el número de niños que ingresan

Servicios de Protección Infantil / DFCS y la detención de menores, entonces habríamos logrado una tarea importante.

Prevención e intervención no son cuestiones legislativas que son cuestiones morales. El embarazo en adolescentes, la deserción escolar y la delincuencia son opciones que están bien hechas por nuestras chicas y sólo a ellas debido a los actos cometidos por extraños o los actos de sus padres o representantes que incluye males sociales como el abuso, el abandono y el maltrato, etc. Debemos enseñar a nuestros niñas para presionar hacia mayores oportunidades de la vida y que puede equiparse con las herramientas para ser vencedores y no a las víctimas. Niñas de esta era de los medios sociales pueden ser transformados por la renovación de <u>nuestra</u> mente y cómo <u>nos</u> acercamos a la paternidad, la prestación de atención pastoral y los servicios y, educativa y métodos de disciplina. Las niñas de esta era de medios sociales representan la generación de Viviendo el sueño. La elección de la educación o el encarcelamiento es hasta las 6PS (Padres, pastores, directores de policía, fiscales y cárceles - alternativamente médicos, psicólogo y las compañías farmacéuticas).

Una lectura fácil de, #FemaleNOTFeemale reconoce la importancia de proteger la identidad de las niñas con la esperanza de que tendrán una vida productiva libres de recordatorios continuos de su pasado. Con ese fin, nuestro material excluye nombres y datos personales. El énfasis de *las casas que levantan nuestras niñas* es poner de relieve algunos de los obstáculos que afectan a nuestras niñas y ofrecer algunas sugerencias que pueden ayudar a mejorar su situación mediante la celebración de los 6PS (Padres, pastores, directores de policía, fiscales y prisiones -, alternativamente, empresas médicos, psicólogos y farmacéuticos) responsables y responsables de su papel en la vida de las niñas. También entregamos herramientas que las niñas necesitan para sobrevivir. Este material se centra en el meollo de las preocupaciones de la comunidad, que busca la justicia y los derechos humanos, sino también #FemaleNOTFeemale utiliza esta plataforma como una llamada a la acción y el cambio.

#FemaleNOTFeemale
proyecto 3Ps
Los padres, los pastores y directores
resultados de las 3R
Traseros, refuerza y Reembolsa

#FemaleNOTFeemale

Los padres, los pastores y los directores
Dando forma al futuro de niñas

#FemaleNOTFeemale: El padre (trasero)

¿Quién es responsable de la crianza de nuestras chicas? La cría comienza en el hogar. Por lo tanto, los padres o tutores son responsables de la crianza de nuestras chicas. Casi todo lo que esperamos que nuestros niñas a aprender sobre el amor, el significado de la familia, la autoidentificación y la importancia de la educación y el aprendizaje comienza en casa. Entonces, ¿qué sucede cuando la vida del hogar se ve comprometida por las drogas, el alcohol, el abuso o negligencia? ¿Quién interviene para ayudar a elevar nuestras chicas? ¿Dónde están parientes? ¿Dónde están las abuelas, tías y primos? ¿Dónde están los otros modelos de conducta femeninos desde dentro de la trama de la vida en el hogar? Cuando eso está ausente, donde es la comunidad de la iglesia o en la escuela? Somos responsables de las Casas que elevar nuestras chicas!

Única de la experiencia americana es el papel que los medios sociales y de entretenimiento, el divorcio, las familias monoparentales, los proveedores de atención de la primera infancia y los servicios de niñera están jugando en la crianza de las niñas. Se ha vuelto más difícil levantar chicas poderosas en una sociedad donde carecen de modelos masculinos y femenino positivo.

Nuestras chicas no pidieron nacer. Nuestras chicas no pidieron las consecuencias colaterales asociados con las cargas de haber nacido en *esta* sociedad. Nuestras chicas no pidieron a los padres que ellos o una sociedad que no les abandonan. Los padres que son responsables de la construcción de la *casa* que eleva sus niñas. Las Cámaras que elevar nuestras niñas deben tener un *diseño* o un *plan*. ¿Cuál es su plan para su hija, sobrina o la hembra en su vida? ¿Qué deseas de su vida y qué curso de acción se están tomando para asegurar que va a ser un amante, y la hembra orgullosa y productiva en nuestra sociedad?

La casa que eleva nuestras niñas debe tener un sitio y una fundación. Los padres dónde está su sitio y lo que está en la base de maquillaje? Se encuentra su sitio en una ciudad del interior o de la comunidad urbana? Se encuentra en su sitio las promociones de viviendas o proyectos de una gran ciudad? Se encuentra su sitio en un parque de casas rodantes comunidad rural? Se encuentra su sitio en una comunidad suburbana acomodada? Seguramente, usted no desea elevar su hija en un sitio de desechos tóxicos? ¿Qué tipo de cimentación está utilizando para construir efectivamente la casa que eleva sus niñas? Es la base de maquillaje como premisa estar orientado a la familia y ser veraz, mientras que posee la integridad y la construcción de la autoestima? Es la base de maquillaje basa en el amor y no de odio, la rendición de cuentas y la responsabilidad, así como las comunicaciones abiertas, francas y honestas con sus niñas? Las Cámaras que elevar nuestras niñas deben ser construidos sobre una base sólida.

Una vez que haya diseñado o creado un plan, que se encuentra su sitio, y sentó la base de maquillaje, debe ser objeto de inspección. Sus inspectores (de la sociedad) pueden aprobar o rechazar su plan, es posible que tenga defectos en su diseño y en su fundación. Estar dispuestos a hacer los cambios necesarios al principio de su desarrollo. Para que no, se ven los frutos de su trabajo más tarde en la vida cuando su hija está mal equipada para sobrevivir o prosperar en este mundo.

Las Cámaras que elevar nuestras niñas deben ser totalmente equipados para hacer frente a los problemas de la sociedad. Al igual que con cualquier estructura, las Casas que elevar nuestras niñas deben estar equipados con sistemas de fontanería, calefacción y refrigeración, y el suelo. ¿Cómo se traduce esto a elevar las niñas? Bueno, vamos a examinar. Para ser eficaz en esta sociedad, debemos inculcar la moral, los valores y el respeto en nuestras niñas. Nuestras chicas deben 'cableados' emocional, psicológica y mentalmente. Hay que dotarlos de las herramientas que les permitan tomar una posición y defender. Nuestras chicas deben estar equipados con la capacidad de leer, escribir, comprender, calcular y usar la lógica entre muchas otras necesidades. Debemos enseñar a nuestros niñas a valerse por sí mismos, y la forma de cocinar, limpiar, coser, y diseñar y mantener un presupuesto financiero. Las Cámaras que elevar nuestras niñas deben enseñar a nuestros niñas cómo desarrollar un plan de acción para su propia vida y se fijan metas y agendas y ser capaz de cumplir sus objetivos.

Las Cámaras que elevar nuestras niñas deben instalar el aislamiento, porque cada chica necesita protección. La protección se requiera, debe provenir de modelos femeninos y masculinos positivos y. Aislamiento proporciona un ambiente cómodo para las niñas que es consistente con las barreras protectoras de la frialdad de este mundo. Las Cámaras que elevar nuestras niñas es responsable de la prevención de nuestras niñas sufran daños cuando permitimos que la gente entre en sus vidas que sexualmente de asalto y las violan, golpean y maltratan, rompen sus interiores espíritus por faltarles al respeto, y participar en insultos como refiriéndose a las niñas como perras y putas, o lo que sugiere que ellos nunca serán nada en la vida. El poder de nuestra lengua determina el futuro de nuestros jóvenes. Las Cámaras que elevar nuestras niñas deben aislarlos de los males sociales y al mismo tiempo no podemos garantizar una protección del 100%, con materiales de calidad puede garantizar los mejores resultados.

Una vez que hemos completado el aislamiento, las Casas que elevar nuestras niñas deben completar los paneles de yeso y accesorios de interiores. Costura las paredes juntos es necesario para un aspecto acabado y para la preparación de las paredes para la pintura. Nuestras chicas deben estar completos. Las Cámaras que elevar nuestras niñas deben asegurarse de que antes de que nuestras niñas entran en la sociedad que están cosidas juntas, que no hay grietas en sus paredes (mentales, emocionales, psicológicos y de desarrollo espiritual). Hay que asegurarse de que no se han roto por lo que hemos dejado de hacer para su crecimiento y desarrollo. La costura abierta se ve en el exterior. Otros operadores puedan mirar y usar las grietas en su beneficio. Esto es por qué tantas chicas buscan amor en muchos de los lugares equivocados y por qué se vuelven víctimas de relaciones no saludables. A la inversa, esto también es por qué algunas niñas quedan embarazadas y se reunieron con la elección del aborto porque los padres no enseñan acerca de las opciones de la abstinencia y la anticoncepción. Entre las chicas de color, especialmente las niñas afroamericanas, abortos se han convertido en una forma de control de natalidad. Las Cámaras que elevar nuestras niñas deben hacer hincapié en la planificación para la paternidad y educar a las niñas acerca de las opciones que impiden poner fin a la vida de los niños. Abortos son una experiencia de salud mental y traumatizantes servicios no se proporcionan para los cuidados posteriores. Después de tener abortos, algunas de estas chicas se dedican a comportamientos autodestructivos.

Una vez que hemos completado el exterior y el interior, estamos listos para instalar pisos y encimeras. Las Cámaras que elevar nuestras niñas deben tener un sistema de suelo sólido para que las niñas pueden soportar la incertidumbre de este mundo y que debe ser capaz de mantenerse firme contra la adversidad. Este no es el momento para cortar las esquinas y reducir la calidad del material utilizado. Hay varios materiales del suelo para elegir, algunos de madera y algunas alfombras de tablones o tal vez. No es de grado constructor, residencial y de calidad comercial. Las Cámaras que elevar nuestras niñas deben dejar de lado un presupuesto para comprar sólo lo mejor que el dinero puede comprar. Hay que dar prioridad a nuestros ingresos y ganancias de manera que gastamos nuestro dinero y usar nuestros recursos sabiamente hacia la construcción de carácter, integridad, e inculcar la moral, el valor y el respeto. Si un padre está más interesado en tener peinaban, el uso de ropa de lujo, y explorar el mundo de las citas, mientras que su cabello hija es descuidado y su ropa son sucios y que carece de higiene que la niña va a aprender a establecer las mismas prioridades o la falta de ella como ella edades.

Al igual que la estructuración del interior de una casa, lo que ponemos en el interior de nuestras niñas es eterna. Somos responsables de asegurarse de que, como padres que se sienten seguros, fuerte y seguro dentro de sí mismos. Para ser fuerte y seguro que no se está debilitando con sus homólogos masculinos. Para ser fuerte y segura no es desacreditar o neutralizar sus homólogos masculinos. Más bien, es un medio para ayudar a nuestras niñas a sobrevivir y prosperar en un mundo dominan el uso de su educación, experiencia y calificaciones para el empleo. Nuestras niñas deben aprender temprano en la vida que la educación no es una cuestión de derechos humanos en un problema social, político o económico. El poder y la capacidad de garantizar una educación de calidad comienza con la fundación que ponemos en casa.

Las Cámaras que elevar nuestras niñas deben preparar a las niñas para competir a nivel mundial, no sólo a nivel local. Esto significa que la lectura de la matriz, la participación de nuestras niñas en los programas STEM que preparan a nuestros niñas en la ciencia, la tecnología, la ingeniería y las matemáticas. Esto significa que la enseñanza de nuestras niñas a no tener miedo de las fórmulas científicas y ecuaciones matemáticas. Nuestras niñas no nacen incompetentes en el campo de STEM Ellos carecen de la competencia porque somos ya sea miedo de prepararlos, dispuestos a prepararlos o carecen de los conocimientos y los recursos para asegurar un programa educativo que ofrece STEM Alternativamente, somos demasiado perezosos para llevarlos a los programas que están a nuestro alcance.

Las Cámaras que elevar nuestras niñas deben instalar accesorios en toda la casa. Cuando se construye una casa, ponemos accesorios en el baño y los dormitorios como ventiladores de techo y la iluminación. Es decir, hay que añadir valor a nuestras chicas por dejar que su luz brille en el mundo. Sólo hay que utilizar material de calidad que va a durar más que hasta la peor tormenta. Aumento del valor añadido no significa gastar cada centavo que guardó. Se pueden añadir valor a su hija por las compras en las tiendas de consignación, las ventas de bienes u otros lugares de segunda mano y artículos de compra que valen más, pero cuestan menos. Aumento del valor añadido significa comunicar a su hija o la mujer en su vida que ella es un ganador; que significa comunicar sus habilidades y haciendo hincapié en su grandeza. Esto significa abogar por ella y sus creencias. Significa ayudar a su conjunto y luego lograr sus objetivos.

Las Cámaras que elevar nuestras niñas pueden hacerlo en la menor cantidad de tiempo, una unidad a la escuela, un paseo por el parque o en la tienda, mientras que el estilo de su cabello durante las horas de la noche o por la mañana, y al ver un programa de televisión con ella que promueve la autoestima y la conciencia. Esto significa dejar de lado un momento del día para sofocar el teléfono, cerrar la sesión en el ordenador o decirle a alguien que su hija tiene una necesidad que debe ser abordado. Esto significa que la adición de valor en palabras y hechos. Aumento del valor añadido significa ayudar a aprender a aceptarse a sí misma y amarse a sí misma. Es ella significa enseñar a no compararse con otros. Cuanto antes nos inculcar estos principios en nuestras niñas el mejor de ellos estarán en aprender a amar y aceptar sus fortalezas y debilidades.

Cuando nuestras chicas buscan un interés en los niños, hay que ser abierto, honesto y sincero acerca de las relaciones y los encuentros sexuales. Durante estos tiempos, también hay que hablar de la violación y los retos de los archivos adjuntos físicos, emocionales, mentales, psicológicos y con los niños. Debemos discutir la abstinencia y el sexo seguro con nuestras chicas. Si bien es posible que queramos que digan "no", pueden decir "sí". Ellos deben estar preparados para enfrentar y resolver las consecuencias del VIH / SIDA, enfermedades de transmisión sexual y embarazos no deseados. Es un mal servicio a decirle a una chica que ella es demasiado joven para tener un hijo, pero no demasiado joven para tener relaciones sexuales. Demasiado a menudo, ignoramos los problemas de control de la natalidad y abortos convertido en la norma. Entonces, nuestras niñas se les niega el asesoramiento de salud mental en relación con la muerte de su feto.

Cuando las niñas están a la altura de las expectativas, ser conscientes de cómo se disciplina. Hay una diferencia entre la disciplina y el castigo. Las palabras pueden destruir a un niño más que el abuso físico. Si ella es sujeto a ser arrestado y / o encarcelamiento, no evitan las visitas, se requiere que la atención. Durante su encarcelamiento, su proporcionarle cartas de aliento, y recordarle que ella es amado. Hablar con ella acerca de sus experiencias - hacer preguntas! Muchas de nuestras niñas son víctimas de asalto sexual por parte de los funcionarios judiciales, agentes de libertad condicional, y los oficiales masculinos y femeninos, así como los internos.

Debemos enseñar a nuestros niñas sobre la conciencia de sí mismo para transformar su autoestima en el amor propio. Debemos enseñar a nuestros niñas cómo odio a sí mismo se transforma en la autodestrucción. Hay que comunicarse con nuestras chicas para reunir una comprensión de lo que significa ser criado en una época medios de comunicación social que somete a los niños a la vergüenza y la humillación instantánea, y el acoso cibernético y la intimidación en la escuela. Las niñas deben aprender a desarrollar amistades y relaciones con otras personas sanas. Nuestras niñas deben aprender a ponerse de pie contra la inmoralidad, actos inhumanos, y la conducta abusiva o comportamiento.

Existe una delgada línea entre el chisme y la difamación. Nuestras niñas tienen que aprender la diferencia cuando la difusión de rumores sobre otros que son infundadas y carentes de verdad. Igualmente, cuando nuestras chicas comunican la verdad, que se debe hacer para edificar y no dañar. Cada chica necesita a alguien para defender su honor. Como padres, estar dispuesto a defender a su hijo, sin someterla a la vergüenza, la humillación o vergüenza. Estar dispuesto a asistir a las conferencias de padres y maestros y apariciones en la corte, y estar dispuestos a cumplir con sus adversarios, que se oponen a ella. Crear diálogo y extender una rama de olivo a sus enemigos para construir relaciones. Enseñarle a entender el poder del perdón.

Cada casa requiere espejos y después de completar la instalación de los accesorios, espejos y duchas puertas se añaden a la casa. Las Cámaras que elevar nuestras niñas deben enseñar a nuestras hijas a amar lo que ven en el espejo. Seamos sinceros, el mundo ve lo que perciben como feo y belleza. Las

Cámaras que elevar nuestras niñas deben ser franco, abierto y honesto. Si su hijo tiene un aspecto diferente, la promoción de su mejor! No se concentre en sus diferencias, pero no ocultan su existencia y dejarla al mundo a determinar. Apariencia y la higiene son esenciales y deben ser enseñados en casa.

Después de completar el interior de la casa y la adición de mobiliario de la mayoría de la gente está lista para finalizar sus jardines. El aspecto exterior es muy importante en esta era de medios sociales que nuestras niñas viven y prosperan. Sin embargo, hay que enseñarles a sobrevivir con su belleza exterior y cómo algunas personas pueden tomar ventaja de su belleza exterior. Las niñas deben aprender que su valor no se puede medir en dólares y centavos, sino en su aspecto general.

Debemos inculcar en nuestras hijas que el valor de su ropa no es tan importante como la persona que los usa. Un vestido apropiado $ 200.00 apretado y formar no tiene ningún valor añadido para el usuario. El costo del vestido no da ninguna garantía de que el usuario será respetada por sus compañeros u otras personas; no va a garantizar las oportunidades de empleo en el futuro. El costo del vestido no demostrará que el portador es más inteligente o más talento que la persona que lleva un par de pantalones vaqueros $ 6 de un envío o tienda de segunda mano. Sin duda, el aspecto en algunos círculos va un largo camino. Sin embargo, si enseñamos valores y prioridad que nuestras niñas se sentirán como un millón de dólares, no importa lo que llevan puesto. Tenemos tantas chicas que a sabiendas se involucren en actos de la actividad sexual a cambio de un nuevo par de zapatos, bolsos, gafas de sol, o un par de zapatillas de deporte, porque no hemos podido enseñarles a valorar sus cuerpos sobre las posesiones materiales.

Los padres y tutores son los primeros "sistemas" o propietarios de las casas que elevar nuestras muchachas. Cuando operan, de acuerdo con algunas de estas sugerencias y preparar nuestras chicas para el mundo, entonces los otros sistemas (pastores y escuelas) tendrán una tarea más fácil de criar a nuestras chicas cuando entran en sus casas.

#FemaleNOTFeemale: La Iglesia (Refuerzo)

Las Cámaras que elevar nuestras niñas, consiste en la casa de la iglesia. La iglesia es capaz de reforzar e inculcar valores, la moral y la enseñanza respecto a las niñas. La iglesia puede preparar a las niñas a respetar la autoridad y formar el carácter. Mientras que algunas personas no tienen ningún sistema de creencias religiosas o espirituales, con respeto mayoría de las niñas en América salir de su casa para ir a la casa de la iglesia. Hubo un momento en que los programas y servicios de la iglesia proporcionan para ayudar a las familias necesitadas. La casa de la iglesia fue parte de la comunidad y se trataron temas políticos, sociales y económicos para el mejoramiento de la comunidad. Hoy en día, en muchos corredores urbanos y rurales de la iglesia es egoísta y ha optado por ignorar la difícil situación de la comunidad. Muchos de los pastores, predicadores, sacerdote o reverendos no residen en la comunidad donde se encuentran sus iglesias. Por lo tanto, la comunidad no es la congregación y no hay compromiso de proporcionar programas o servicios para elevar las personas.

Cuando este sistema falla, nuestras niñas y la comunidad sufre. Durante las dos últimas décadas vemos el desglose de las iglesias urbanas y rurales. Seguro que existen un montón de mega-iglesias, pero existen mega-problemas en las comunidades urbanas y rurales. Niñas dentro de estas comunidades sufren de abuso, negligencia, maltrato y maltrato. ¿A donde van? Si la madre está en las drogas y su padre es encarcelado dónde van a ir? ¿Cómo van las niñas frente a los retos de la excavación ^{1} mentalidad? ¿Quién y dónde van a convertir?

La casa de la iglesia era una institución de la comunidad que sirve a sus miembros. Así que muchas niñas no tienen recursos o programas disponibles. Las iglesias están abiertas sólo en algunas comunidades el domingo para el servicio, tal vez el miércoles por estudio de la Biblia y tal vez en un viernes. Los servicios de entre semana son generalmente no más de 2 horas durante la noche. Entonces, ¿qué programas y servicios están disponibles para las niñas? Que cumpla con sus necesidades espirituales? Que ayuda a superar sus demonios espirituales, porque incluso las niñas poseen intrusión demoníaca o ansiedades que provoca que algunos de ellos sufren de trastornos de la alimentación, la depresión, el suicidio, la hipertensión y la hipersexualidad.

Existía un momento en que la gente podía ir a la iglesia para obtener orientación. Hoy en día, muchas iglesias operan como un negocio 9-5. Es culpa de su congregación que su sistema falla a las chicas. Sin embargo, para los propósitos de este material, es importante que la iglesia está llamada a ir más allá de su carismático, auto-servicio, la comunicación y la promoción de programas de reserva, para hacer frente a las necesidades y preocupaciones de las niñas. La casa de la iglesia es un sistema que está implicado en el aumento de nuestras chicas. Si nuestras niñas están sufriendo es porque el sistema de la iglesia les ha fallado también. Seguramente no todas las iglesias, existen muchas iglesias en los pasillos de cercanías urbanas, rurales, y algunos de América que han fracasado y han estado a la altura de satisfacer las necesidades de las niñas.

Asistir a ninguna iglesia en una comunidad urbana y rural y mirar a su alrededor. Verá que las mujeres representan la mayoría de la congregación. Las mujeres representan las niñas que sufren en silencio hasta su edad adulta. Si nos encontramos con medios para proporcionar los programas y servicios que necesitan las niñas en su juventud, no vamos a tener altares en todo el país con mujeres que lloran sin resolver de heridas y dolores de su infancia.

Las Cámaras que elevar nuestras niñas, consiste en la casa de la iglesia y hay que exigir que la iglesia a cumplir sus principios de Dios de proporcionar nuestras chicas con los programas y servicios que incluye formar parte de la fe basada en extensión a la comunidad para ayudar a las niñas se ocupan de ansiedad, manejo de la ira, violación , el abuso, la enfermedad de salud mental, las drogas y el alcohol, y el suicidio y la depresión. Algunas iglesias están dotados con la capacidad de proporcionar servicios de asesoramiento. Por lo tanto, nuestras chicas no deben sufrir en centros de detención para menores para alcanzar los servicios que la comunidad basada en la fe puede proporcionar. Privados y niñas morosos pueden Corte ordenó a entrar en la iglesia y los programas basados en la fe. Por favor, participar y ayudar a nuestras chicas.

#FemaleNOTFeemale: La Escuela (Reembolso)

La escuela debe ser motivo de preparación para la preparación de las niñas para convertirse en ciudadanos productivos para que las niñas pueden ser contribuyentes a la sociedad y reembolsar. Hay tres tuberías que afectan negativamente a las niñas en América. La tubería de la escuela a la prisión es una de las tuberías debido a la disciplina escolar dispares. De acuerdo con el Departamento de Educación de Estados Unidos niñas negras tienen seis veces más probabilidades de ser suspendidos que las niñas blancas.

Muchas comunidades urbanas y rurales, especialmente de la comunidad minoritaria se declararon a los maestros y administradores de las escuelas de color con la esperanza de que las similitudes que significaría que sus hijos van a lograr una mejor educación o la experiencia de un mayor resultado del aprendizaje. Sin embargo, de Atlanta, Georgia, donde su sistema escolar envuelto en un escándalo de larga década de engaño a la ciudad de Detroit escándalo del distrito escolar, refuta que los maestros y administradores de colores proporcionan a los niños de color con una mejor educación, hoy en día. Dado que estos distritos y otras resolvieron hacer trampa para el avance académico, se puede sugerir que estos distritos escolares carecen de fe en los niños de color y su capacidad para sobresalir académicamente.

La escuela es una de las cámaras que elevan nuestras chicas. Miramos a ellos para compartir el papel de nutrir nuestras chicas. Después de todo, las niñas pasan más tiempo en la escuela que lo hacen en sus propias casas. La mayor parte del distrito escolar comenzó su día de la semana a las 7 de la mañana y terminan a las 4 pm y es un problema cuando las escuelas eligen usar la policía, los sistemas judiciales y las cárceles para disciplinar a los niños confiados a su cuidado, control y custodia.

Algunos maestros tienen problemas personales de su propia y algunos llegan a la escuela con pensamientos preconcebidas acerca de las niñas, especialmente las niñas de color. Sin embargo, en conversar con las chicas, muchos han alegado que los maestros de color son no más comprensión de su situación que sus homólogos blancos. ¿Por qué? Podría ser que muchos de ellos tienen poca empatía para las niñas debido a su propia educación que se basa en la falta de relación entre madre e hija o falta de relación padre-hija? ¿Se basa en la economía o la clase social? Examinar una llamada meca como Atlanta y sus distritos escolares de los alrededores. Mira el número de sujetos de los estudiantes a su escuela a la tubería de prisión y examinar los distritos donde son objeto de detención. La mayoría de estos niños son detenidos en Clayton, Fulton y DeKalb distritos escolares, que representa a la mayoría de las asociaciones de estudiantes afroamericanos. Las prácticas son similares en la ciudad de Nueva York, Detroit y Newark.

La escuela es una de las Cámaras que eleva nuestras chicas. Niños afroamericanos representan menos del 25% de la población general en edad escolar en los Estados Unidos. Sin embargo, en la mayoría de las jurisdicciones en este país, que representan más del 60% de los niños conforme a la detención, la condena y el encarcelamiento por delitos relacionados con la escuela [2] . Ov erall, estos estudiantes están sujetos a entrar y salir de la suspensión de la escuela, la expulsión y / o referencias a la policía dentro de la misma escuela que sus compañeros blancos.

El desmantelamiento de la tubería de la escuela a la prisión no sólo es necesaria, pero si no es desmantelado, entonces se plantea una amenaza a la seguridad nacional. Estamos tipificar las conductas de nuestros futuros líderes en el campo del derecho, la ciencia, las matemáticas, la ingeniería y la tecnología. Este segmento de la sociedad es a propósito, de forma deliberada, sin motivo, y maliciosamente ser excluido de la competencia global. Al criminalizar y encarcelar a las niñas, que les descalifica para la finalización con éxito de los programas educativos tradicionales y de asistir a la universidad. Por lo tanto, estamos impidiendo que entren en sus carreras profesionales.

Además, los servicios militares de los Estados Unidos se basan en gran medida en el reclutamiento de estudiantes de secundaria de las comunidades urbanas y rurales. Muchos de estos estudiantes son víctimas de la tubería de la escuela a la prisión, donde los niños van de su casa, a la escuela, a la cárcel y el juzgado, sólo para ser a su almacenamiento. Al criminalizar indiscriminadamente los comportamientos de las niñas y sometiendo a estos niños de arresto por delitos relacionados con la escuela, algunas niñas se enfrentan no elegibilidad para los servicios armados.

La escuela puede utilizar los servicios de asesoramiento y crear programas dentro de la escuela para comprender mejor los problemas de comportamiento. Suspensión en la escuela debe ser más que estar sentado en un salón de clases y las tareas asignadas. Se debe incluir un programa de enfoque disciplinario que trata de reunir información y programas de oferta para orientar la conducta y problemas de comportamiento. Las escuelas tienen más agentes de policía en el campus de consejeros escolares. Había una vez, consejeros escolares fueron los primeros pasos para hacer frente a los problemas dentro de la escuela disciplinarias. A través del uso de los consejeros escolares, padres, maestros y trabajadores sociales aprendido sobre el abuso sexual, los embarazos, los malos tratos, y otros temas que experimentan los niños. Los consejeros escolares ofrecen programas y servicios. Hoy en día, la mayoría de las escuelas carecen de consejeros y algunos consejeros están sirviendo en las capacidades administrativas que son el equivalente de la secretaria de la escuela.

La escuela puede utilizar los servicios de asesoramiento y crear programas dentro de la escuela para comprender mejor los problemas de comportamiento. Suspensión en la escuela debe ser más que estar sentado en un salón de clases y las tareas asignadas. Se debe incluir un programa de enfoque disciplinario que trata de reunir información y programas de oferta para orientar la conducta y problemas de comportamiento. Las escuelas tienen más agentes de policía en el campus de consejeros escolares. Había una vez, consejeros escolares fueron los primeros pasos para hacer frente a los problemas dentro de la escuela disciplinarias. A través del uso de los consejeros escolares, padres, maestros y trabajadores sociales aprendido sobre el abuso sexual, los embarazos, los malos tratos, y otros temas que experimentan los niños. Los consejeros escolares ofrecen programas y servicios. Hoy en día, la mayoría de las escuelas carecen de consejeros y algunos consejeros están sirviendo en las capacidades administrativas que son el equivalente de la secretaria de la escuela.

Había una vez, las escuelas ofrecen cursos de educación para la salud que abordan la educación sexual. Estos cursos se ofrecen en las escuelas medias para educar a los niños y niñas sobre la abstinencia, control de la natalidad, y la conciencia de sí mismo. La mayoría de los distritos escolares ya no ofrecen estos cursos. Las niñas que quedan embarazadas sienten vergüenza humillación, la vergüenza y la experiencia. Actúan en clase y luego son empujados fuera de la escuela sin que nadie frente a sus experiencias o su embarazo. Muchos se han convertido embarazada a través de la violación, el incesto, y el tráfico sexual.

Existen disparidades en las niñas de color. Informe de la Comisión tras informe demuestra que las latinas, mexicanos y afroamericanos niñas tienen más probabilidades que los estudiantes blancos de ser suspendidos, arrestados y expulsados de la escuela. A pesar de la investigación pública y privada y los datos federales, no hay ningún cambio en el resultado para los afroamericanos. Los gritos de desmantelar la tubería entre la escuela y la prisión no son nuevos. Desde el tiroteo de Columbine High School en 1999 y la aplicación de las directrices de tolerancia cero, escuelas en todo Estados Unidos se han convertido en las prisiones donde los niños son los internos, el principal sirve como el director y los maestros son los carceleros. El uso de la policía militarizada para asegurar las escuelas es similar a la práctica de colocar tiradores en el techo de prisiones, mientras que los internos tienen tiempo de recreo en el patio.

En contra de las malas representaciones asociadas con las escuelas urbanas, las escuelas dominadas por las niñas de color son menos propensos que sus pares blancos de tener Columbine y Sandy Hook experiencias. ¿Por qué son las latinas, las niñas afroamericanas y mexicanas más probabilidades de ser suspendidos, expulsados o detenidos? Todos los días en las niñas América se enfrentan al temor de perder sus libertades fundamentales en virtud de la

Constitución de los Estados Unidos para participar en actos relacionados con la escuela como hablar de nuevo a un maestro, que tiene una pelea de gatos en el patio, o incluso cantar una canción o escribir un poema que se considere apropiado. Las niñas son detenidos por participar en actos de dar a un compañero una aspirina para los dolores mensurales, fumando cigarrillos en el baño o la lucha en el autobús escolar.

Estas medidas de disciplina son punitivo. Los distritos escolares pueden utilizar las conferencias de padres y maestros y dentro de la escuela medidas disciplinarias para hacer frente a estos actos, que no invocan el uso de la expulsión o la remisión a la policía. Sin embargo, la colocación de esposas y la detención de una niña de seis años de edad por tener una rabieta no son sólo las medidas que sean extrema y extravagante, pero igualmente abreviar y atentan contra las garantías constitucionales otorgadas a los estudiantes. Desde 1969 en *Tinker v distrito escolar de Des Moines,* el Tribunal Supremo de los Estados Unidos ha sostenido que "los estudiantes no pierden sus derechos constitucionales en la puerta de la escuela."

A tal fin, algunos maestros de las escuelas públicas de Estados Unidos son académicamente sin experiencia, mal entrenados, preparados para manejar problemas de comportamiento, e incapaz de manejar las tensiones del día a día relacionados con la enseñanza. Parece ser que los problemas se encuentran con los programas de preparación para el colegio, que incluyen escuelas privadas y programas en línea, así como con el personal escolar y los administradores que no logran eliminar de salida a estos individuos durante sus estudios del programa o después de un período de prueba. Existen maestros de tenencia que no pertenecen en el aula. El escándalo de fraude Escuelas Públicas de Atlanta publicitado a nivel nacional 'demuestra algunos de los problemas asociados con los maestros en los centros escolares urbanos, lo que incluye que luchan con la gestión de la clase, la incapacidad para llevar a cabo con éxito la lección y de planificación de unidades y que satisfacen las exigencias académicas. Estos problemas se extienden a abordar las cuestiones disciplinarias.

Aparte de las pruebas de discriminación flagrante y la disparidad en el tratamiento de la disciplina escolar, Estados Unidos debe sopesar el impacto mental, emocional y psicológico asociado con encuentros con la policía ciudadana temprana y la detención y el encarcelamiento de las niñas en edad escolar. Todo el mundo es responsable de la desaparición de las niñas - los padres, pastores (la comunidad basada en la fe), directores de la policía, los fiscales y los funcionarios de prisiones. Hoy en día, las escuelas y la policía tienen hijos responsables y responsables de los fracasos de sus padres y las comunidades. La nación no puede cruzarse de brazos y pasar alrededor de los informes de la Comisión y los estudios debido a que no va a resolver este problema. ¿Qué va a ganar Latina al no su segmento más vulnerable de la sociedad? ¿Qué será de los Estados Unidos si seguimos a descuidar nuestras chicas?

#FemaleNOTFeemale
proyecto 3Ps
La policía, el fiscal y la prisión
resultados de las 3R
Responder, Reprieve, y rehabilitar

#FemaleNOTFeemale
La policía, el fiscal y la prisión
La Tubería participantes

#FemaleNOTFeemale: Policía (Responder)

Policía son los primeros en responder a equilibrar el orden público. La policía no son fiscales, abogados, jueces o el jurado. La mayoría de los agentes de policía están debidamente capacitados para participar en tácticas militarizadas, frente a la guerra urbana y rural y las comunidades en riesgo. Por otra parte, la mayoría de los agentes de policía están entrenados para hacer frente a las interacciones diarias con los miembros de la sociedad con respeto, profesionalismo y servicio al cliente.

Había una vez, la policía se comprometerían con extensión a la comunidad que les permitió conocer las poblaciones y comunidades que sirven. Hoy en día, la policía es más compleja con los oficiales que viajan lejos para gestionar los asuntos de las comunidades urbanas y rurales con poca o ninguna interacción con los residentes o el conocimiento de la comunidad local. Este método de vigilancia es problemático, ya que crea un "ellos" versus "nosotros" mentalidad que se basa en la falta de conocimiento, la desconfianza y los estereotipos.

Cuando la policía sabían que los residentes y las comunidades que sirvieron menos personas estaban sujetos a encuentros con la policía ciudadana negativos. Esto es particularmente cierto cuando se trata de delincuentes juveniles. Había una vez miembros de aplicación de la ley volverían a un niño a sus padres o vecinos para la instrucción y la crítica constructiva y la disciplina. Hoy en día, pocos policías de la comunidad participan en estas prácticas y los que siguen son por lo general en pequeños municipios y las comunidades ricas. Para equilibrar este punto, el maquillaje de muchas comunidades urbanas y rurales puede hacer esta tarea más difícil debido a la falta de crianza de los hijos, la falta de servicios pastorales y la falta de servicios comunitarios y educativos.

La policía se les da un enorme poder y discreción. Cuando se utiliza correctamente y bastante, la policía es capaz de determinar si los delincuentes juveniles deben ser sometido a detención o advertencias verbales. Se anima a la policía para dirigir en este lado de la policía cuando se trata de delincuentes juveniles, especialmente las niñas. No. Por el contrario, esto no es una solicitud de tratamiento preferencial basado en el género, sino que es una solicitud de examinar los resultados perjudiciales que se derivan de la detención innecesaria de los niños, especialmente las niñas. ¿Por qué los delincuentes juveniles sujetos a arresto y dañan su futuro con cargos criminales y antecedentes penales que generalmente resultar en el despido si se tomaran en contra de un adulto. Nuestros niños, especialmente las niñas, son propensos a involucrarse en delitos juveniles como peleas de gatos que involucran armas, intercambios verbales, y el uso de las redes sociales y los teléfonos para mostrar su dolor, amargura o ira hacia otra.

Algunas niñas pueden usar los medios sociales para explotar sus propias fotos de desnudos conscientes de las consecuencias legales. Es desafortunado que la legislación moral y activismo judicial se interpone en el camino del sentido común se acerca a tratar con los jóvenes, especialmente las niñas. Necesitamos policías permanezcan enfoque y ser firmes en la ayuda a las comunidades a las que sirven y la comprensión de los delincuentes juveniles. La mayoría de los delincuentes juveniles carecen de la mente criminal o intención de cometer un acto delictivo y pocos entienden las consecuencias asociadas con sus acciones. Pocos entienden que su lucha primer gato causaría un arresto o que fumar un cigarrillo en el baño o la elaboración de un chico daría lugar a una infracción penal de la conducta lasciva.

Para someter a estos delincuentes juveniles a la detención penal por cargos falsos que no se opondrían a un adulto es criminal. La detención de los niños para la batería, de acoso comunicaciones para el envío de "texto o correo electrónico demasiados mensajes" o arresto por cargos de amenazas terroristas para hacer valer "Voy a patear el trasero" nunca fue la intención del legislador y es inconcebible. Respectivamente a los miembros de las fuerzas del orden cuando se conocen mejor, debe hacerlo mejor! Su servicio a las comunidades va más allá de la detención de las personas. La policía debe proteger, servir y respetar a los ciudadanos y que va más allá de cualquier consigna en un vehículo de la policía.

A tal fin, hay muchos agentes que entienden su papel, el deber y el compromiso de las comunidades a las que sirven. La policía es un trabajo difícil y es más difícil cuando los agentes se ven obligados a hacer un arresto, no importa cómo los cargos falsos, para apoyar un sistema de generación de ingresos para sus departamentos y locales.

Policía son los primeros en responder y, como tal #FemaleNOTFeemale respetuosamente piden que responda con empatía a las comunidades a las cuales sirve. Pedimos que se aprende a entender que los delincuentes juveniles son niños. Algunos niños y niñas, incluidos pueden participar en actos violentos, sin embargo, que no está de acuerdo con la norma estadísticas disponibles por el FBI y otras agencias de información. Nuestras chicas no son monstruos. Son seres humanos con futuros brillantes y muchos orientación necesidad, la sabiduría, el amor y protección. ¡Tu puedes hacer la diferencia!

#FemaleNOTFeemale: Fiscal (Reprieve)

El papel del fiscal es para cargar oficialmente o juzgar a una persona por la comisión de un delito y para equilibrar la balanza de la justicia. Fiscales estén investidos de una enorme autoridad que determina si una persona que ha sido detenida será oficialmente acusado de una convicción del crimen y la cara. En sus actividades diarias fiscales se les da la oportunidad de utilizar los servicios de investigadores internos y examinar los informes policiales y declaraciones de testigos antes de decidir si se debe comenzar con el procesamiento (tratar de acusar y presentar un caso a un gran jurado).

Cada día en Estados Unidos, los niños son detenidos por delitos juveniles. Muchos de su detención, se someten al fiscal para su enjuiciamiento. La mayoría de estos delitos no son violentas. Los fiscales también tienen la capacidad y la responsabilidad de evitar abusos en perjuicio de la discreción y el enjuiciamiento. Es decir, que tienen que asegurarse de que no están utilizando raza, género, etnia o cualquier prejuicio a sabiendas reclamaciones anticipadas contra las personas o evitar los procesos judiciales en base a estas variables. Tienen la autoridad para desestimar casos e ir más allá de las restricciones y eliminación de antecedentes penales para buscar la eliminación de los registros de detención de modo que los delincuentes juveniles no pasan el resto de sus vidas respondiendo a la llamada de "delincuente", "ex convicto", "perturbador" "niño problema", "convicto", "criminal", "puta" o "prostituta".

Muchos niños, especialmente las niñas regresan a sus respectivas comunidades tras ser detenido deprimido, avergonzado, humillado, y pensando en el suicidio. Esto es particularmente cierto cuando se detuvieron en la escuela por delitos relacionados con la escuela como hablar de nuevo a su maestro, comportamiento lascivo, interrumpiendo una escuela pública para una pelea de gatos en un autobús escolar, o fumar cigarrillos en el baño de las chicas. Muchos desarrollan baja estima que se juega en la hiper-sexualidad, abuso de drogas y alcohol, y el comportamiento contraproducente, incluso después de que los cargos sean retirados.

Al igual que la policía, los fiscales deben respetar la ley. Sin embargo, también pueden ser fundamentales para la despenalización, desviando la penalización, la determinación de la necesidad de servicios de los delincuentes juveniles, y la prestación de servicios a los delincuentes jóvenes, especialmente las niñas que son víctimas de los abusos sexuales y la prostitución a la tubería prisión. Los fiscales pueden proteger a las niñas y prevenir futuros daños a las niñas a partir de los servicios que los gobiernos del condado y del estado pueden proporcionar. Por ejemplo, las víctimas de la trata de personas y la explotación sexual infantil doméstico necesitan casas de seguridad no jailhouses. Las víctimas de la falta de vivienda que se involucran en delitos juveniles como robar comida o allanamiento de morada un vehículo a dormir por la noche tienen que tener una vivienda segura, no una prisión. Fugitivos y desechables que son víctimas de abuso físico, sexual, emocional y mental requieren servicios de salud mental y refugio, no un entorno carcelario que les hace víctimas y utiliza las medidas penales y punitivas para la reacción disciplinario.

De acuerdo con el Departamento de Justicia Oficina de Estadística [3] , las niñas son sexualmente asaltado por la fuerza por los carceleros y miembros del personal de detención de menores.

Hay más que suficientes recursos disponibles para los servicios. A partir de los informes de la Comisión Federal al estado y sin fines de lucro estudios, cuesta más para detener, acusar, condenar y encarcelar a los que lo hace para educar, motivar y estimular las mentes de nuestros hijos, nuestras chicas especiales. el racismo sistemático e institucionalizado, el sexismo, el clasismo y todavía existe y es prevalente. Sin embargo, los niños tienen derechos Constitución. Los defensores deben seguir siendo los abusos y violaciónes de los derechos de los niños y diligentes reto.

#FemaleNOTFeemale: Prisión (Rehabilitar)

La mayoría de los lectores de este libro estaría de acuerdo en que ellos consideran su libertad como el derecho humano más importante. Sin embargo, este derecho no puede ponerse de manifiesto hasta que es objeto de privación. Cada año miles de mujeres y niñas son detenidos, condenados y encarcelados por presuntos crímenes cometidos en los Estados Unidos. Las disparidades que enfrentan las mujeres del color es alarmante. Las mujeres y las niñas de colores representan menos del 25% de la población total de los Estados Unidos, sino que representan casi el 50% de la población penal de Estados Unidos. Millones de niños en los Estados Unidos tienen un padre que está ya sea encarcelado o de vigilancia penal con casi el 66% de las mujeres privadas de libertad que tienen los niños [4] .

Citando la pena, según Familias contra Mínimos Obligatorios (Famm) [5] :

- 93 de cada 100.000 mujeres blancas son encarcelados.

- La tasa de encarcelamiento es cuatro veces mayor para las mujeres negras (380) de 100.000 y 1,6 veces mayor para las mujeres hispanas (147 de 100.000).

- Sólo para blancos comprenden el 45,5% de las mujeres presas, a pesar de que los blancos son el 79,8% de la población de Estados Unidos.

- Por el contrario, las mujeres negras representan el 32,6% de las mujeres presas, pero sólo el 12,8% de la población general.

- Los niños negros son casi 7,5 veces más probabilidades que los niños blancos tienen un padre en la cárcel.

Las mujeres representan más rápido crecimiento miembros de la población penal [6] . A menudo, las mujeres están tan ocupados que aboga por los derechos de los hombres, que se pierden en sus propias conversaciones. El sesgo de género hace que las niñas a ser víctimas de la ineficiencia de la defensa, la aplicación de sesgo de las leyes, el sexismo, el racismo, y el estado de indigencia. Desde el enjuiciamiento de prostitutas para poner distancia fugitivos, continuo descuido de los Estados Unidos de las niñas es alarmante. América es una nación prisión. A partir de registros corporales a las agresiones sexuales, las niñas encarceladas son víctimas de abuso y abandono mental, emocional, psicológica y física antes, durante y después de su encarcelamiento y detención. En algunas jurisdicciones, la tasa de victimización sexual contra jóvenes en centros de menores es al menos un 35 por ciento superior a la tasa promedio de los establecimientos penitenciarios en todo Estados Unidos. [7]

Respetuosamente, la mayoría de las reclusas son delincuentes no violentos, algunos son víctimas de abuso de drogas o alcohol, y las víctimas de abuso sexual o físico. Muchas de las internas no han alcanzado diplomas de secundaria o educación formal. Lo que tiene América para ganar por encarcelar a los segmentos más vulnerables de la sociedad? [8]

La privatización del complejo industrial de prisiones ha creado una tendencia creciente en el encarcelamiento de mujeres y niñas. GEO y la Corrections Corporation of America representan dos de las mayores cárceles con fines de lucro en los Estados Unidos. Estas empresas privadas operan miles de millones de dólares de las empresas, que no requieren supervisión gubernamental relativa a los programas y servicios para el tratamiento o la rehabilitación. Por lo tanto, las mujeres y niñas que ingresan a sus sistemas son menos propensos a recibir los servicios que promueven la re-entrada en la sociedad.

En nuestro sistema de justicia penal, las mujeres tienen más probabilidades de ser representados por abogados de oficio. La mayoría de los defensores públicos no están capacitados para hacer frente a los problemas que aquejan a las reclusas o tienen los recursos para promover y negociar motivos que abordan los problemas subyacentes que conducen a la detención, condena y encarcelamiento. Por desgracia, las mujeres y las niñas tienen menos probabilidades de beneficiarse de un abogado después de ser arrestado o acusado de un crimen. prácticas basadas en la evidencia casi nunca son escuchados por los jueces debido a las limitaciones de tiempo impuestas a los abogados durante la presentación caso. Los tribunales de menores rara vez entretener a la práctica de movimiento y algunos fiscales cobran los niños con el mismo vigor que lo hacen los adultos. En algunos casos, es todo acerca de la consecución de una condena.

La obsesión de América con encarcelar a sus miembros más vulnerables de la sociedad debe ser de gran preocupación para todos, porque numerosos estudios demuestran que el encarcelamiento no impide avanzar crimen o la seguridad pública. Es imperdonable que sufrir el segmento más marginados de la sociedad a las duras condiciones de la vida en prisión. En el futuro nuestra sociedad debe exigir el desmantelamiento de la " *de mi casa a la corte a la cárcel para ser almacenadas* mentalidad" del sistema de justicia penal mediante la promoción de iniciativas basadas en la fe de la comunidad y. Niñas requieren los servicios de tratamiento y rehabilitación para tratar sus situaciones difíciles. Tenemos que trabajar para poner fin a la tendencia creciente de encarcelar a las mujeres y niñas en América. Debemos dejar de tratar a las niñas que son víctimas de delitos sexuales y la prostitución como delincuentes, así como las niñas que son víctimas de abuso y abandono. 9

Las alternativas al encarcelamiento masivo de las niñas es la comunidad y las iniciativas basadas en la fe, que promueve el tratamiento y orientación a las drogas, el alcohol y la salud mental, que proporciona habilidades para la vida, la educación y los servicios de empleo. programas basados en la comunidad pueden permitir que las niñas asistan a la escuela durante las horas regulares de la escuela e informar a los centros de tratamiento después de la escuela y los fines de semana, al igual que los programas de AA y NA. Este método no interfiere con su vida familiar. Librar a los niños de sus hogares durante 30 - 90 días es traumática. Por el contrario, los distritos escolares locales pueden asignar a las escuelas dentro de su distrito para proporcionar programas para aquellas jóvenes como parte de los programas de tratamiento y rehabilitación por orden judicial. Estos cursos se pueden añadir a su currículo regular y necesario para su programa. Estos cursos pueden estar disponibles en línea oa través de los métodos tradicionales de enseñanza. Las clases que se impartirán puede incluir la educación sexual de drogas y alcohol conciencia,, control de la ira y el control de la conducta. programas de justicia restaurativa ayudarán en la asistencia a las víctimas de crímenes de entender la mentalidad de los autores y estar dispuestos a ayudar en la rehabilitación en su caso. programas de remisión y tratamiento funcionan y hay que resolver los problemas que aquejan a los miembros más vulnerables de la sociedad que son delincuentes no violentos y pueden beneficiarse del tratamiento.

#FemaleNOTFeemale: El palacio de justicia (Revalorar)

El papel de los jueces en los procedimientos de privación y de morosidad es gobernar, reevaluar y reconstruir las relaciones con el niño, la escuela y la comunidad para garantizar la rehabilitación. Su papel es fundamental para las tuberías y las escalas de la injusticia porque está dentro de la corte que se toman las decisiones en relación con la resolución y la deposición de los casos de privación y la delincuencia. Las niñas que requieren tratamiento y la rehabilitación de los médicos, el personal de psicólogos y farmacéuticos se basan en los jueces para tomar decisiones judiciales imparciales. Cuando algunos jueces se involucran en el racismo, el sexismo, el clasismo, el abuso de mala conducta judicial y discreción, y el uso de la banca para participar en el activismo judicial, son un mal servicio y la vergüenza para el poder judicial.

Desafortunadamente, muchos jueces se ajustan a esta categoría y es una conversación que muchas personas no desean participar.

Bueno, tenemos que hablar de ello si realmente queremos cambiar la situación de nuestras chicas. Los jueces que son nombrados o elegidos deben ser educados en los programas y servicios disponibles para las niñas. Los jueces deben ser evaluados por el 10 Sal antes de y sujeto a la aceptación de los cargos o ser elegidos como jueces de los tribunales de familia y de menores. Deben tener al menos 7 años de experiencia en el campo como la práctica de los abogados en los casos de justicia y de derecho de familia de menores que enfatiza la privación. Lo ideal sería que los jueces deben ser elegidos para servir no designado.

Sin embargo, una vez nombrado o elegido para servir a los jueces deberían estar obligados a impanel un tablero o panel que consiste en el *10 Sal.* Este panel debe tomar una decisión sobre el tratamiento y los servicios del niño que debe ser considerado por el juez ante el que él o ella toma una decisión en perjuicio del niño. El panel debe estar presente para escuchar los casos y servir como el "jurado" en los procesos de niños. El panel servirá para ayudar al tribunal en ofrecer recomendaciones para el tratamiento y la rehabilitación. Durante décadas, nos decía que estábamos protegiendo a los niños y el mantenimiento de la confidencialidad. Afirmamos que nosotros no autorizar a otras personas a asistir a las sesiones del tribunal. Sin embargo, con una tolerancia cero, la interacción detención de la escuela y los medios de comunicación, la confidencialidad y el interés de proteger a la juventud no existe. Hoy en día, los niños son detenidos en la escuela y enviados a pares humillación. Por lo tanto, los grupos deben ser capaces de observar, servir y hacer recomendaciones. Estos servicios son similares a la comisión federal de sentencias o el papel de los miembros del jurado en procesos de adultos que escuchan la evidencia y deliberada. Cuando una persona que trabaja en cooperación con los fiscales y la policía es el árbitro único y definitivo de las decisiones en detrimento de un acusado, siempre va a crear la aplicación discriminatoria y arbitraria de la ley.

Con demasiada frecuencia, los jueces vienen a la banca con sus propios prejuicios personales y su decisión de detener a una niña puede ser predicada sobre esos sesgos. Por supuesto, existen muchas prácticas "basadas en la evidencia" que nunca son considerados por los jueces de menores o fiscales. La mayoría de las niñas menores de edad dependen de los defensores públicos y el sistema de ritmo rápido que llamamos justicia que crea una puerta giratoria que lee "retorno". A pesar de todas las investigaciones, nuestro sistema de justicia de menores no preparan a los niños, especialmente a nuestras chicas de "reentrada" en la sociedad.

#FemaleNOTFeemale: La Casa Blanca

Idealmente, la Casa Blanca no es una de las cámaras que elevan nuestras chicas. Sin embargo, es el hogar de la Presidente de los Estados Unidos y nuestro Comandante en Jefe. Con ese fin, esperamos que los residentes de la Casa Blanca para ayudar en el desmantelamiento de la escuela a las tuberías de la prisión, la cárcel que a su almacenamiento realidades que son experimentados por mujeres delincuentes juveniles y para preparar y presentar una orden ejecutiva para abordar estas cuestiones. La Casa Blanca está facultada para efectuar una acción inmediata con respecto a la trata de personas y las políticas nacionales. Nuestras chicas necesitan nuestro gobierno para proteger sus intereses.

PROYECTO 17PS

HUMANO ENTENDIMIENTO Y TRÁFICO SEXUAL Y DEMANDA DE FINALIZACIÓN

chulo, prostituta, alcahueter, comprador, profitter, padre, pastor, el director de la policía , el fiscal, prisión, Médico, psicólogo, Psiquiatra, farmaceutica , prensa, y los político

EPÍLOGO

#FemaleNOTFeemale
La tubería grande de prisión de Niñas en América

#FemaleNOTFeemale: El abuso sexual y la prostitución (trata de personas y la explotación sexual infantil)

Cada día en Estados Unidos, miles de mujeres y niños son vendidos para el sexo. Aunque decimos "no hay tal cosa", detenciones policiales a los niños como "prostitutas juveniles" y por delitos relacionados con la prostitución afirmando que no son víctimas sino que son participantes dispuestos. En las grandes ciudades, las niñas son víctimas de tráfico sexual. La trata de personas y la explotación sexual de las niñas afecta a todas las razas. Sin embargo, en la mayoría de las ciudades importantes de las niñas de color representan la mayoría de las víctimas de explotación sexual. Esto no es un nuevo fenómeno. Dado que el nuevo milenio, la explotación sexual comercial de niñas ha crecido hasta convertirse en parte de una industria de mil millones de dólares. Estos niños se compran, comercializan, venden y se intercambian por los actos sexuales que incluyen anal y sodomía oral forzada. Muchos de estos niños son víctimas de violaciones en grupo y son marcados como esclavos y animales preparados para la masacre.

Social Media tiene sus ventajas cuando se usa correctamente con orientación de los padres y la supervisión. Sin embargo, muchos de nuestros jóvenes tienen acceso a los sitios de medios sociales para adultos, salas de chat, y videos que no son monitoreados o gobernados por los padres o la comunidad de aplicación de la ley los califica como objetivos para los depredadores.

medios de comunicación social por sí sola no es responsable de tráfico sexual, sin embargo, su influencia entre la sociedad y las personas que se aprovechan de los niños les pide que sean responsables y responsable de lo que sucede con nuestros hijos. En este tecno-era de la información interacciones no comunicativas, las niñas utilizan el Internet bajo un sistema de honor que la persona o personas que se dedican son de la misma edad. Sí. Hay algunos que están bien al tanto de que pueden haber tenido acceso a un adulto único sitio. Sin embargo, la mayoría dejan claro que ellos llamaron una línea de chat o entraron en un sitio web para el entretenimiento. Muchos asumieron que estaban conversando con alguien de la misma edad y la mente.

Las herramientas utilizadas por los usuarios de medios sociales autorizan la publicación de las imágenes que exponen la desnudez y el uso de mensajería directa también conocido como "DM" para interactuar con los demás a través de "reservas". Muchos medios de comunicación social no tienen medidas de seguridad para proteger a los usuarios de la atención no solicitada. Muchas plataformas de medios sociales no requieren fotos y verificación de sus usuarios.

Por desgracia, los medios de comunicación social no es la única herramienta que ha fallado en proporcionar garantías para los jóvenes. La televisión y la música envían el mensaje equivocado. El mensaje enviado a través de videos y niñas canción es de quitarse la ropa, participar en el baile exótico, y es líricamente hiper-sexual. Las niñas responden a estas letras y participar en tales actos.

Revistas, la radio, la televisión y también se ocupa de los estereotipos negativos de la definición de la belleza que hace que algunas chicas se sienten obligados a conformarse a través de la cirugía plástica, vestirse provocativamente, y participar en el comportamiento hiper-sexual. Como alternativa, algunas chicas se sienten abandonados por sus propias comunidades cuyo foco es de orientación masculina. Si se lee una revista, ver la televisión o escuchar la radio y todo lo que se oye es la forma de apoyar a niños y hombres, en algún momento la pregunta de su propio valor.

Durante el tiempo que la mayoría puede recordar, hemos oído que las madres crían a sus hijas y aman a sus hijos. Este paradigma se ha traducido en las niñas se vuelvan vulnerables y en desarrollo las relaciones no saludables.

Los niños para la venta?

Las niñas están siendo explotados por el uso de todos los medios de los medios sociales. Las normas sexuales de esta generación y la explotación a través de los medios sociales está más allá de la comprensión. A partir de sitios web como gaggers gueto negro con el crimen, desde las páginas de volver después de la aplicación de la escuela, a partir de Instagram a Facebook, y Whisper en Vine niñas están siendo convencido a vender sus cuerpos y son víctimas de explotación sexual. Muchos padres no tienen idea de lo que sus hijos están haciendo en las plataformas de medios sociales como Twitter, YouTube, después de la escuela App, Kik, o Yesca, para nombrar unos pocos. A partir de la publicación de fotos de desnudos de dedicarse a la pornografía nuestras niñas son testigos y experimentando una etapa de transición de la vida que nadie puede imaginar.

Sexado de los mensajes de texto y las leyes son métodos utilizados para frenar el uso de plataformas de medios sociales para su explotación. Sin embargo, las leyes y las consecuencias colaterales asociados con la detención de los adolescentes para su publicación o envío de imágenes desnudos causa más daño que bien. El resultado final es la vergüenza, la vergüenza, la humillación y antecedentes penales. Los antecedentes penales prohíbe o gravemente interfiere con la capacidad de niñas para alcanzar su HEMS [10] . Por lo tanto, ella está más inclinado a entrar o permanecer en una vida de prostitución. Demasiados jueces están involucrados en el activismo judicial donde intentan crear sus propias leyes de la banca. Mientras los legisladores se dedican a la legislación moral y activismo. Crean y promulgan leyes para controlar los estilos de vida y opciones de vida. En muchos aspectos, estas leyes tienen consecuencias no deseadas y crear daño a las niñas.

Las niñas menores de 18 años que han sido reclutados, transportados y abusado con fines relacionados con la explotación sexual. Estados Unidos se ha mantenido en silencio mientras que las vidas de los niños son destruidos. Una parte de la mentalidad que frustró la prevención de la explotación y la intervención y prestación de servicios a estas víctimas provienen de puntos de vista racistas, sexistas y misóginas de las niñas.

Los proxenetas y traficantes atraen a las chicas jóvenes por ser figuras paternas que ofrecen apoyo moral y regalos. En algunos aspectos, utilizarán compañeros de clase para invitar a las chicas a su casa para atraerlos a la prostitución. Como alternativa, los adolescentes van a pretender estar interesado en las chicas con la esperanza de atraer a ella a una vida de prostitución. Se dirigen a las jóvenes de los servicios de cuidado de crianza y hogares de grupo, así como las niñas que son fugitivos y desechables. A través de la utilización de abuso mental, emocional y psicológico que hacerse con el control de estos niños. Algunas de las chicas jóvenes se ven atraídos a una vida de la prostitución a través de amenazas de violencia con la familia, los amigos y los ataques físicos sobre su persona.

Muchas niñas son explotadas por los proxenetas-latinos y afroamericanos. Algunas de las niñas son atraídas a la explotación sexual a través de salas de chat de Internet, las redes sociales, y llamar-en comerciales de líneas de chat telefónicos disponibles en la música y los reality shows en las redes de cable. Algunas de las víctimas de la explotación sexual de los niños son tan jóvenes como de 10 años de edad. Uno de los mayores mitos asociados a la explotación de los niños es que los niños en general se colocan en las calles para solicitar sexo. Sin embargo, algunos van a la escuela todos los días y cumplir con sus "Johns" después de la escuela en una residencia privada; algunas de las chicas son recogidos por sus proxenetas en los planteles escolares.

Otras niñas son explotados a través de "fiestas sexuales" que se alojan en residencias privadas en las comunidades suburbanas donde los hombres blancos y extranjeros pagan una tasa de entrada de $ 50.00 a $ 100.00 a cometer actos sexuales sobre el mayor número de niños y niñas que se encuentran en la asistencia. Estas fiestas comienzan ya el 9 de la mañana y terminan antes de las horas normales de la escuela y el día hábil. También reconocemos que los niños son atraídos a una vida de explotación sexual a través de falsas esperanzas de ser los próximos zorra de vídeo para hacer apariciones en videos musicales o de convertirse en la próxima actriz o supermodelo.

El precio del silencio

Con esta información, hay que preguntarse por qué estas chicas se detuvieron como prostitutas menores de edad? El arresto, la detención y condena de estos niños para la prostitución han existido desde hace más de dos décadas. La detención se ha dañado miles de niñas inocentes. Si bien la prostitución forzada es una experiencia dolorosa para todas las niñas, las niñas de color tienen más probabilidades de ser detenidos como prostitutas menores de edad. Se cuestiona el papel de la raza y los estereotipos asociados a las niñas de color que falsamente presumen que son seres hiper-sexualizada. De acuerdo con el más reciente informe del FBI, el 59,5% [11] de las chicas detenidas en los EE.UU. son niñas afroamericanas. El impacto emocional, mental y psicológico asociado a paro es profunda. El impacto de las drogas, el alcoholismo, el embarazo y las enfermedades de transmisión sexual representan el costo de silencio. Entonces, ¿qué se está haciendo para causar un atasco de tráfico para detener el tráfico de personas en Estados Unidos?

El 10 Sal [12] debe abordar esta cuestión con la Johns, proxenetas y traficantes responsables de la explotación [13] de las mujeres y los niños. Los hombres y mujeres responsables de proxenetismo estas niñas deben ser responsables y responsables de sus acciones. La industria de la pornografía es controlada por el hombre blanco. Existe una respuesta inmediata a los gritos de las víctimas jóvenes cuyos proxenetas y traficantes son hombres de color.

El costo de la política

Agencias en todo Estados Unidos han sido receptores de los fondos de subvención para hacer frente a la persecución de las niñas.

A lo largo de una década, el papel de partidarios financieros de la empresa en temas como la trata de seres humanos y la justicia juvenil y la reforma, el papel del Negro "poderes fácticos", y el papel de los líderes políticos y sin fines de lucro que trabajan sin esfuerzo para frustrar significativa promoción ha hecho que sea imposible para algunas niñas para recibir servicios.

Subvenciones es una industria multimillonaria. Grupos de todo el país reciben millones de dólares para *la realización de estudios* y luego escribir sobre las apremiantes necesidades de las niñas en América. Respetuosamente, su investigación no ofrece ningún cambio en la vida cotidiana de las niñas. Desde las organizaciones de financiación a los que profesan el desmantelamiento de la escuela a la tubería de prisión para hacer frente a la detención de las víctimas de la explotación sexual infantil y la trata de personas, no existe ningún cambio en las estadísticas que ofrecen resultados significativos para las niñas.

Tenemos que modificar la Ley de Tráfico protección de las víctimas de 2000 y la justicia para las víctimas de la Ley de Tráfico 2015 para sumar tres disposiciones simples que pondría fin a la detención de niños para la prostitución, protección desigual extremo para los niños y las personas LGBT y crear una Ley de Equidad de antecedentes penales de informes al eliminar últimos registros de arrestos y condenas para evitar consecuencias colaterales asociados con la detención.

¿Por qué deberían las niñas tienen que demostrar que no estaban dispuestos, a sabiendas o participantes inteligentes de la sodomía anal y oral, la violación en grupo o que nunca cosecharon un centavo por realizar actos sexuales comerciales? En lugar de investigar los hechos ya conocidos sobre estos abusos, crear leyes que procederá a efectuar el cambio real. La esclavitud, el trabajo infantil y la prostitución son temas verso bien en Estados Unidos. Los antecedentes penales deberían suprimirse contra los niños menores de 18 años de edad acusado o condenado de la prostitución (o costes asociados). Para desalojar su detención significa que tienen que informar de ello en respuesta a la educación, el empleo y las solicitudes de vivienda.

Desocupar una detención o eliminación de antecedentes penales de una detención no significa que se elimina el registro. Al igual que los servicios de información de crédito, TransUnion, Experian y Equifax se le da la autoridad para mantener un historial de crédito. Después de siete historias (7) años de crédito están sujetos a eliminación, la quiebra se elimina después de diez años. En Estados Unidos, una persona puede presentar la quiebra y descargar millones de dólares en deuda y después de dos años comprar una casa o un coche. La misma persona puede tener antecedentes penales que implica la posesión de marihuana - una articulación - o un robo de $ 50,00 a partir de una tienda al por menor y su registro va a seguir para la vida. Una Ley de Informe Justo de registros penales autorizaría a la eliminación de los registros después de varios años, dos años para las faltas y después de siete años en el caso de delito grave no violenta. Estados Unidos tiene la capacidad de eliminar sus antecedentes penales relacionados con la prostitución.

¿Cuanto tiempo más?

Desde la promulgación de 2000, de las víctimas de la trata Ley de Protección, solamente 31 de los 50 estados han promulgado leyes que rigen la cuestión de la trata, sólo 18 de los 50 estados en realidad tienen *puerto seguro* leyes. La legislación debe exigir que todos los estados tienen una ley de salvaguarda que protege a las víctimas de explotación sexual, despenaliza su victimización y ofertas y ofrece programas y servicios. Así que no necesitamos más investigación sobre las apremiantes necesidades más antiguas y "profesiones" en América: la esclavitud, el trabajo infantil y la prostitución. No necesitamos papel blanco; necesitamos resultados. Necesitamos programas. La cárcel hay lugar para las víctimas de explotación sexual.

La privatización del complejo industrial de prisiones infringe y compromete la integridad del tratamiento y la rehabilitación de las víctimas de la explotación sexual infantil. Latina prefiere pagar por camas en jailhouses que las camas de financiación para casas de seguridad. Sin duda, todos sabemos las consecuencias colaterales de la detención de las víctimas de la explotación sexual infantil. Sabemos que la detención es una experiencia traumática y la imposibilidad de obtener un empleo, oportunidades educativas, así como la vivienda se ve comprometida.

"Usted puede optar por mirar hacia otro lado,
pero nunca se puede decir de nuevo que usted no lo sabía ".
-Williams Wilberforce

#FemaleNotFEEmale

Expresiones de gratitud

A mi familia (padres, hermanos y hermanas y sus familias), parientes y amigos.
. . pasado, presente y futuro. Gracias.

Gracias Martin y Paul por su aliento a través de estos proyectos.

Ahora bien, es todo acerca de las mujeres!

Un agradecimiento especial a mi madre, abuelas, madrina (Madrina Netta),
tías, y todas mis hermanas por su constante fuerza y fortaleza en su
compromiso para el cambio social y la justicia. A todos os admiro por ser capaz
de afrontar y superar los retos de este mundo con sus cabezas en alto.

He viajado por el camino de la vida con un grupo diverso de mujeres
extraordinarias Michelle, Sharon, Stephanie, Jocelyn, Mamie, Christina,
Michele, Janie, Jacqueline, Amani, Summer, Maria, Sabrina, un entrenador de
desarrollo profesional, y Sheryl McCollum del Frío caso Instituto de
Investigación de Investigación. Para las damas de Alpha Kappa Alpha Sorority,
Inc. y hermandades de todo el mundo que participan en el cambio social y la
justicia. . . ¡gracias!

Por encima de todo, doy gracias a los niños y familias que han confiado en mí
con sus vidas e historias para que yo pudiera escribir este libro para ser una
bendición para otros.

También agradezco a todos los honorables abogados de la defensa de menores
indigentes, la justicia y la reforma, la educación, la igualdad, derechos
humanos y civiles, y el crecimiento espiritual y el desarrollo de su trabajo
incansable para el cambio social y la justicia.

Autor Sherri Jefferson

Sherri Jefferson es un autor, editor de libros independientes, abogado, defensor, y conferenciante. Ella es también el fundador del Centro de Derecho de Familia, Proyecto Justicia Juvenil afroamericano, Jefferson Publishing, y la Ley móvil. A través de #FemaleNOTFeemale, que aboga contra la explotación sexual y la esclavitud sexual y las consecuencias colaterales asociados a la penalización de los actos de las víctimas de la trata de personas y la prostitución.

www.SherriJefferson.com

BEYOND THE BOOK

Círculo de Lectores

ABOGACÍA

Los políticos

JUSTICIA PENAL

Policía, Fiscalía, la prisión

SALUD MENTAL

Los médicos, * Psiquiatra, Farmacéutica

*Psicólogo

COMUNIDAD

Los padres, pastores, directores

PROYECTO 10 Sal

Finalización de proxenetismo, el proxenetismo y la prostitución

1 (888) 373-7888

Centro de Recursos para la trata de personas Nacional

SMS: 233733 (texto "HELP" o "INFO")

Horario: 24 horas, 7 días a la semana

Idiomas: Inglés, español y más de 200 idiomas

Sitio web: el tráfico de resourcecenter.org

EL 10 PS PARA ACABAR CON EL PROXENETISMO, EL PROXENETISMO Y LA PROSTITUCIÓN

Comunidad: Los padres, pastores y directores

1. Lo que hace que un niño a crecer para ser un chulo, prostituta o John?
2. ¿Qué pueden hacer los padres para evitar que sus hijos se conviertan en proxenetas, prostitutas, o Johns?
3. ¿Cuál es el papel de los pastores (la iglesia) en el tratamiento de proxenetismo, prostitución y ser un Juan y acabar con la esclavitud sexual infantil?
4. ¿Por qué es la " Iglesia Negro " silencio sobre la cuestión de la esclavitud sexual infantil en los Estados Unidos?
5. ¿Cuál es el papel de los directores (de escuela) en la educación de los estudiantes sobre el proxenetismo, prostitución y ser un John?

Justicia penal: fiscales de la policía y las prisiones

1. En caso de que se autorice la policía para detener a los niños como prostitutas?
2. En caso de que las víctimas de la esclavitud sexual ser detenidos o se hace referencia a los servicios sociales / CPS?
3. Son la policía y los fiscales sesgo en el manejo de la prostitución de menores y por qué?
4. ¿Por qué " Johns " que solicitan el sexo de los niños no procesado como violador y los criminales?
5. ¿Cuál debe ser el papel de la policía, el fiscal y el sistema penitenciario en el tratamiento de la esclavitud sexual?

Salud Mental: Los médicos, psicólogo (psiquiatra) y Farmacéutico

1. Las víctimas de la esclavitud sexual sufren de enfermedades de transmisión sexual, el SIDA, abortos y tormento físico.

P. ¿Cuál es el papel de los médicos en el tratamiento de problemas de salud pública asociados con la esclavitud sexual?

2. Las víctimas de la esclavitud sexual sufren de depresión, la ansiedad, el suicidio y la adicción.

P. ¿Cuál es el papel de la salud mental de la comunidad para hacer frente a estos problemas?

3. Las víctimas de la esclavitud sexual sobredosis de drogas, son adictos a las drogas y se ven obligados a usar drogas ilícitas.

P. ¿Cuál es el papel del farmacéutico la industria en el tratamiento de abuso de drogas entre las víctimas de tráfico sexual?

Los políticos del abogado:

1. ¿Cuál es el papel de los políticos para poner fin a la esclavitud sexual?
2. ¿Por qué los políticos se negaron a aprobar **duras** leyes para castigar " Johns? "
3. ¿Por qué tardó tantos años para que los políticos reconocen las víctimas de la esclavitud sexual en la mayoría de las jurisdicciones?

HIJO CÓMO EXPLOTACIÓN SEXUAL

Y LA PROSTITUCIÓN JUVENIL

Algunas tuberías a la victimización de abuso sexual y prostitución

1. Pobreza

2. vida en el hogar disfuncional

3. el fracaso escolar

4. La negligencia y el abuso

5. Malos tratos y el maltrato

6. / Abuso físico sexual

7. Los problemas emocionales / psicológicos

8. inestabilidad de la vivienda y falta de techo

9. Runaways / Throwaways

Afiliaciones

1. Bandas.

2. Iglesias y Organizaciones Religiosas

3. Clubes escolares

Tatuajes en partes del cuerpo: Coronas, muestras de dólar, Colores de pandillas y de los signos, etc.

1. Detrás de la oreja

2. En los muslos y las nalgas más bajas

3. En el brazo y a través del pecho incluyendo códigos y águilas de barras, etc.

4. Las marcas en la cara

5. Las marcas en el tobillo

6. Las cartas a través de los dedos o con una cruz en el cuello

GRUPO DE DISCUSIÓN Y PROBLEMA DE PARTICIPACIÓN

Y resolución de problemas

1. Ayuda a tu mujer llegar al siguiente nivel

2. Ayudar a su mujer a descubrir quiénes son sin ser crítico

3. Anime a su mujer a participar en el auto-examen

4. Cuando está juzgando no ser crítico?

5. Mantener que significa "real" o "100"?

6. Su mujer realmente tiene una adicción. ¿Ahora que?

7. Hablar de VIH / SIDA con una mujer víctima de trata de personas.

8. tratar y entender las víctimas de la escuela a la tubería prisión.

9. defectos de carácter v. Carácter Flawed

10. DISEÑO duradera amistades femeninas.

11. Su amiga no es perfecto y que tampoco lo son.

12. Conocer la diferencia entre el perdón y el olvido.

13. Una segunda oportunidad o oportunidad justa.

14. Un cambio o una oportunidad.

TODO SOBRE MÍ

1. Descubro que soy.

2. Vuelve a descubrir quién soy y lo que estoy destinado a ser en este mundo.

3. Redefinir, reorganizar y volver a priorizar lo que es verdaderamente importante para mí.

4. ¿Por qué estoy " este " o " que " camino?

5. ¿Soy capaz de cambiar y si es así por qué o por qué no?

6. ¿Qué debo hacer para mejorar mi propia vida ?

7. ¿Quién me y por qué debe?

8. Vida. que significa realmente?

9. Mi futuro. Me veo en 3-5 años (5-7, 7-10, 10-15 años) que realizan. . .

10. Antes de que pueda convertirse en un amigo a otra persona, debo hacerse amigo de mí mismo. Entonces, ¿cómo lograr este objetivo?

11. Un amigo es. . .?

12. ¿Por qué necesito amigos en mi vida?

13. ¿Cuáles son los beneficios de esta " amistad " y qué puedo aportar a o quitar de la amistad?

14. Lo que me hace único?

15. Mi pasado no determina mi futuro. . .

16. Tengo que aprender a perdonarme porque. . .

OCUPACIONES

1. Manténgase en contacto Proyecto (adoptar un centro de detención juvenil, niñas ' detención - enviar tarjetas, cartas de ánimo, etc.)

2. Iniciar un grupo de apoyo en su escuela, iglesia, o de la comunidad para los niños encarcelados antiguos o hijos de padres encarcelados .

3. Mentor

4. Voluntario en programas establecidos

5. comunidad de apoyo y el ministerio de prisión basada en la fe

6. Iniciar un proyecto 6PS o 10 pesos en su hogar, escuela, iglesia o comunidad

7. Abogado contra el oleoducto-escuela a la cárcel o la trata de personas

8. CREA peticiones del te para crear conciencia

9. Anfitrión noche familiar o juego de acogida noche

10.   Sede de una familia de comida, diversión y comunión día / noche

11.   Crear un programa de sensibilización para la atención y los servicios de acogida

12.   Convertirse en un padre de crianza o adopción de un niño

13.   Defensor de la videoconferencia en la cárcel y la reducción de los costos asociados con llamar y mantenerse en contacto con sus seres queridos que están encarcelados

14.   Abogado para la reducción del costo de los artículos de la comisaría o de la posibilidad de comprar artículos a través de los proveedores de la elección por menos dinero

15.   Abogado contra las compañías de telecomunicaciones que cobran enormes honorarios por minuto por llamadas telefónicas y por cada persona encarcelada para ser capaz de tener una cuenta de correo electrónico (como sistema de CORRS)

16. Abogado para las escuelas permanezcan abiertas durante las vacaciones de verano y las vacaciones como un refugio seguro para las familias en necesidad de servicios de cuidado infantil

17. Abogado de empleo de verano programas

18. Defensor de la base en la comunidad programas de almuerzo y cena durante el año escolar y el desayuno, el almuerzo y la cena programas durante el verano

19. Abogado para la financiación de programas de arte y música

20. Abogado de centros comunitarios y recreativos permanezca abierto

21. Abogado de antecedentes penales Ley de equidad que eliminar los antecedentes penales no violentos después de un período - como los informes de crédito borrar historiales.

22. Abogado para r correo de entrada y el segundo programa de oportunidad ' Proyecto Fresh Start '.

TEMAS DE ENSAYO

1. Reforma social vs. Programas Sociales

2. Reforma de la Justicia Penal

3. ¿Cómo pueden los 6PS o 10 PS (padres, pastores, el director, la policía, los fiscales y la policía) ayuda a prevenir la trata de personas en los Estados Unidos?

4. Explicar la privatización del complejo industrial de prisiones. No con fines de lucro prisión prevenir la reforma de la justicia penal?

5. La corrupción, el racismo, el abuso y Política (CRAP)

6. Discutir la mujer ' movimiento sufragista s y las luchas de las mujeres afroamericanas en los Estados Unidos o de las mujeres latinas.

7. Es el color del sistema de justicia criminal ciegos o cegado por el color?

8. Si usted fuera el P residente, ¿cuál sería su plan contra la trata de personas y la guerra contra las muchachas sea para Estados Unidos?

9. Comparar y contrastar las niñas de la década de 1960 para jóvenes de hoy.

10. Elija una década y escribir sobre el progreso de las mujeres en América.

11. Abogado de antecedentes penales Ley de equidad que eliminar los antecedentes penales no violentos después de un período - como los informes de crédito borrar historiales. La reentrada y el segundo programa de oportunidad ' Proyecto Fresh Start ' .

12. Identificar las luchas de las mujeres negras en América en la década de 1960 y en la actualidad.

13. Discutir Martha Griffith y la Enmienda de Igualdad de Derechos.

14. Discutir Shirley Chisolm y Hillary R. Clinton ' campañas presidenciales s.

15. Elija dos primeras damas de Estados Unidos y comparar y contrastar su defensa de los derechos de los estadounidenses durante su esposo ' sexenios s.

1 las drogas, el alcoholismo, la ignorancia, el analfabetismo, las armas y la codicia

2 Lewin, Tamar. "Los estudiantes de la cara negra más disciplina, Datos 6, 2012; Hoja Informativa Justicia Penal. Http://www.naacp.org/pages/criminal-justice-fact-sheet (2015); Estados Departamento de Educación de los Derechos Civiles de los Estados. La disciplina escolar. Http://ocrdata.ed.gov/Downloads/CRDC-School-Discipline-Snapshot.pdf de marzo de 2014

3 Beck. Alan. La victimización sexual por parte de los centros de menores. Http://www.bjs.gov/content/pub/pdf/svjfry12.pdf (2013)

4 Jefferson. Sherri. Nación prisión. (2015)

5 FAMM. Mujeres en la cárcel en una 26, 2016)

6 Ajinkya, Julie. Cómo dirigir la Dirección de la cárcel de mujeres de Cultivo 8, 2013); ACLU. Datos acerca de la sobrepoblación de las mujeres en los Estados Unidos. Https://www.aclu.org/facts-about-over-incarceration-women-united-states (26 de marzo de 2016); FAMM. Mujeres en la cárcel en una 26, 2016)

7 Id.

8 Jefferson, Sherri. Carné de identidad

9 Jefferson, Sherri. Carné de identidad

10 Vivienda, Salud, Educación, Empleo, mantenimiento y soporte

11 FBI informe de 2012

12 Los padres, pastores, directores de policía, fiscales y de la prisión y el seguimiento de la salud mental: Los médicos, psicólogo / psiquiatra y farmacéuticos. La pista de incidencia política: los políticos.

13 Los niños y los niños que se identifican como miembros de la comunidad LGBT

www.ingramcontent.com/pod-product-compliance
Lightning Source LLC
Chambersburg PA
CBHW071826200526
45169CB00018B/1027